Bibliografische Information der Deutschen Nationalbibliothek:

Die Deutsche Bibliothek verzeichnet diese Publikation in der Deutschen National-
bibliografie; detaillierte bibliografische Daten sind im Internet über http://dnb.d-
nb.de/ abrufbar.

Impressum:

Copyright © 2009 GRIN Verlag, Open Publishing GmbH
Druck und Bindung: Books on Demand GmbH, Norderstedt Germany
ISBN: 9783640644483

Dieses Buch bei GRIN:

http://www.grin.com/de/e-book/152582/fuehrung-von-mitarbeitern-grundlagen

Bengt Wolters

Führung von Mitarbeitern - Grundlagen

Eindimensionale und zweidimensionale Führungsstile, Beispiele, Kritik

GRIN Verlag

GRIN - Your knowledge has value

Der GRIN Verlag publiziert seit 1998 wissenschaftliche Arbeiten von Studenten, Hochschullehrern und anderen Akademikern als eBook und gedrucktes Buch. Die Verlagswebsite www.grin.com ist die ideale Plattform zur Veröffentlichung von Hausarbeiten, Abschlussarbeiten, wissenschaftlichen Aufsätzen, Dissertationen und Fachbüchern.

Besuchen Sie uns im Internet:

http://www.grin.com/

http://www.facebook.com/grincom

http://www.twitter.com/grin_com

AKAD Die Privat-Hochschulen

FGI01 Führung von Mitarbeitern - Grundlagen

schriftliches Referat

11.07.2009

Erläutern Sie, was eindimensionale und zweidimensionale Führungsstile sind. Erläutern Sie zusätzlich ein konkretes Beispiel. Welche Kritik wird an diesen Führungsstilen geübt?

Bengt Wolters

Gliederung

1. Einleitung

Überall dort, wo Mitarbeiter und deren Führungskräfte ein gemeinsames Ziel erreichen müssen, ist eine Einflussnahme auf die Mitarbeiter erforderlich. Jede Führungskraft hat dabei aufgrund ihrer Persönlichkeit und ihrer Einstellung zum Menschenbild eine unterschiedliche Art, ihren Führungsstil auszuüben und Führungsaufgaben wahrzunehmen. Sowohl im privaten, gesellschaftlichen, als auch besonders im beruflichen Umfeld gerät nahezu jeder Mensch in irgendeiner Art und Weise mit Führungsstilen in Kontakt. Doch welche Arten von Führungsstilen gibt es und was macht einen Führungsstil aus? Welche Faktoren spielen bei der Entwicklung eines Führungsstils eine Rolle? Was erwarten Mitarbeiter von Ihren Vorgesetzten?

In dieser vorliegenden Hausarbeit wird mit konkreten Beispielen auf die Frage eingegangen, was eindimensionale und zweidimensionale Führungsstile sind und wie das Menschenbild den Führungsstil beeinflusst.

2. Das Menschenbild und dessen Einfluss auf den Führungsstil

Das von der Führungskraft wahrgenommene Menschenbild steht in konkretem Zusammenhang zu seinem Führungsstil. Der amerikanische Psychologe *McGregor* hat zwei extrem unterschiedliche Menschenbilder beschrieben: Die Theorien X und Y. *Theorie X* beschreibt dabei einen von Natur aus faulen Menschen, der eine große Abneigung zur Arbeit hat und diese nur aufgrund extrinistischer (= von außen wirkender) Motivation, wie z.B. Belohnung oder Sanktionen, durchführt.

Ganz gegensätzlich beschreibt die *Theorie Y* einen Menschen, der aus eigenem, inneren Anreiz und durch starken Ehrgeiz und Selbstdisziplin seine gesteckten Ziele zur Selbstverwirklichung erreicht. Diese kurzen Ausführungen zu den verschiedenen Theorien lassen erkennen, wie stark ein Führungsstil von dem Menschenbild des Vorgesetzten zu seinen Mitarbeitern abhängig ist. McGregor war der Auffassung, dass sich Vorgesetzte, die bisher die Theorie X vertreten haben, sich schrittweise der Theorie Y annähern sollen, um die Leistungs- und Verantwortungsbereitschaft eines jeden Einzelnen zu steigern.

3. Eindimensionale Führungsstile

Bei einer eindimensionalen Betrachtungsweise des Führungsstils wird nur ein einziges Beurteilungskriterium betrachtet, nämlich die Partizipation an der gewählten Entscheidung des Vorgesetzten.

3.1 Führungsstiltypologie nach Kurt Lewin

Der Psychologe und Sozialwissenschaftler Kurt Lewin (1890 - 1947) unterscheidet die klassischen Führungsstilklassifikationen nach *autoritären, kooperativen* und *Laissez-fairen* Führungsstilen. Lewin hat im Rahmen seiner Studien untersucht, wie sich die Führungsstile auf Gruppen und deren einzelnen Mitglieder im Hinblick auf das soziale Klima, Zufriedenheit und deren Arbeitseffizienz auswirken.

3.1.1 autoritärer Führungsstil

Beim autoritären Führungsstil gestaltet der Vorgesetzte den betrieblichen Ablauf allein. "Da er alles besser weiß, besitzt er allein Entscheidungs- und Anweisungskompetenz."[1] Diese Anweisungen des Vorgesetzten erfolgen in Form von Befehlen, deren Umsetzung restriktiv überwacht werden.

Vorteile	Nachteile
schnelle Handlungsmöglichkeiten des Vorgesetzten	Demotivation / Unzufriedenheit der Mitarbeiter
Übersichtlichkeit und gute Kontrollmechanismen möglich	Einschränkung der Eigeninitiative
klare Kompetenzklassifikation	keine Förderung der Mitarbeiter

Tabelle 1: Vor- und Nachteile des autoritären Führungsstils

Beispiel eines autoritären Führungsstil:

Herr Meister, Leiter der Firmenkundenabteilung, ruft die beiden Mitarbeiter, Hr. Müller und Fr. Schulze, zu einer Besprechung. Herr König berichtet den beiden Mitarbeitern kurz über seine gestrige Zusammenkunft mit dem Kunden Metallbau GmbH.
Meister: "Müller und Schulze, diesmal hören Sie mir bitte gleich zu. Ich habe keine Zeit mich mehrfach zu wiederholen! Ich habe hier die Bilanzen der Metallbau GmbH. Wir haben die Möglichkeit stärker mit dem Kunden zusammenzuarbeiten, als bisher. Es geht hier um ein großes Finanzierungsvolumen. Sie, Herr Müller, bearbeiten bitte die GuV aus 2008 und Frau Schulze, Sie analysieren die Bilanz aus 2007 wie gehabt. Bis 13:00 Uhr will ich hier Ergebnisse sehen und nun schnell an die Arbeit."

3.1.2 Kooperativer Führungsstil

Der kooperative oder demokratische Führungsstil besitzt keine Gemeinsamkeiten mit dem oben beschrieben autoritären Führungsstil. Bei dieser Form der Führung arbeitet der Vorgesetzte mit seinen Mitarbeitern Hand in Hand und versteht sich als Mitglied des Teams. Sowohl Vorgesetzter als auch Mitarbeiter können Wege zur Lösung

---

[1] aus Jung, Hans; Allgemeine Betriebswirtschaftslehre; 10. Auflage; München; 2008; Seite 218

einer Aufgabe präsentieren und alle Ergebnisse werden gleichrangig begutachtet. Entscheidungen werden häufig in Gruppenarbeiten oder -diskussionen erarbeitet. Häufig findet sich der Vorgesetzte in der Rolle des Moderators wieder.

Vorteile	Nachteile
Motivation der Mitarbeiter	gegebenenfalls lange Entscheidungswege
Möglichkeit der kreativen Mitarbeit, Selbstentfaltung	Koordination der Gruppe durch den Vorgesetzten
Gleichberechtigung unter den Mitarbeitern	unklare Entscheidungen, um alle Meinungen zu berücksichtigen

Tabelle 2: Vor- und Nachteile des kooperativen Führungsstils

Beispiel eines kooperativen Führungsstils:

Meister: "Liebe Kollegen. Heute habe ich eine erfreuliche Nachricht. Unsere Kundin, die Metallbau GmbH, hat ihre Bereitschaft bekundet wieder verstärkt mit uns zusammenzuarbeiten. Es geht um die Finanzierung einer neuen Werkshalle in Hamburg. Glücklicherweise konnte ich gestern auch die Bilanzen bekommen. Ich habe dem Kunden zugesagt, dass wir den Sachverhalt zügig überprüfen und dann ein Angebot unterbreiten. Frau Schulze, Herr Müller, nehmen Sie sich der Sache doch bitte an. Ich stoße gleich zu Ihnen hinzu, dann finden wir bestimmt eine Lösung."

3.1.3 Laissez-faire Führungsstil

Beim Laissez-faire Führungsstil versteht sich der Vorgesetzte als gleichwertiges Mitglied der Gruppe, spielt hierbei aber eine sehr passive Rolle und gibt seinen Mitarbeitern, die als einzelne Individuen betrachtet werden, vollkommene Freiheit bei der Erledigung der Aufgaben. Gleichzeitig greift er aber nicht unterstützend ein. Gegebenenfalls in Werbeagenturen findet dieser Führungsstil Anwendung. Ansonsten hat sich dieser Führungsstil nicht bewährt, so dass er hier nicht detaillierter betrachtet wird.[2]

3.2 Entscheidungsorientiertes Klassifikationsschema (Tannenbaum/Schmidt)

Das Führungskontinuum nach Tannenbaum/Schmidt unterscheidet dabei zwischen den von Kurt Lewin entwickelten autoritären und kooperativen Führungsstilen und lässt sich dabei zusätzlich in 5 weitere Zwischenformen differenzieren. Ziel dieses Klassifikationsschemas ist, herauszufinden, welche Verhaltensweise in den verschiedenen Situationen zum Erfolg führen.

---

[2] vgl. Jung, H.; Allgemeine Betriebswirtschaftslehre; 10. Auflage; München; 2008; Seite 219

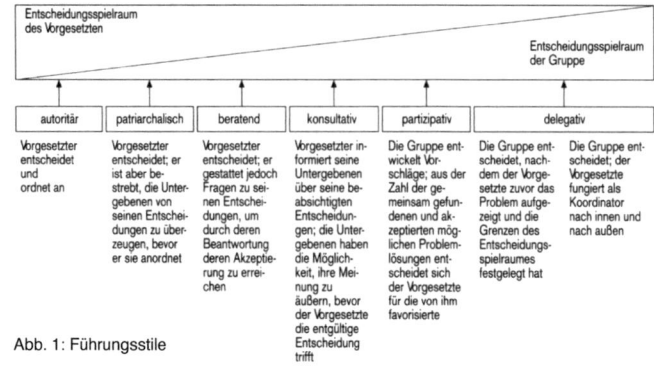

autoritär	patriarchalisch	beratend	konsultativ	partizipativ	delegativ	
Vorgesetzter entscheidet und ordnet an	Vorgesetzter entscheidet; er ist aber bestrebt, die Untergebenen von seinen Entscheidungen zu überzeugen, bevor er sie anordnet	Vorgesetzter entscheidet; er gestattet jedoch Fragen zu seinen Entscheidungen, um durch deren Beantwortung deren Akzeptierung zu erreichen	Vorgesetzter informiert seine Untergebenen über seine beabsichtigten Entscheidungen; die Untergebenen haben die Möglichkeit, ihre Meinung zu äußern, bevor der Vorgesetzte die endgültige Entscheidung trifft	Die Gruppe entwickelt Vorschläge; aus der Zahl der gemeinsam gefundenen und akzeptierten möglichen Problemlösungen entscheidet sich der Vorgesetzte für die von ihm favorisierte	Die Gruppe entscheidet, nachdem der Vorgesetzte zuvor das Problem aufgezeigt und die Grenzen des Entscheidungsspielraumes festgelegt hat	Die Gruppe entscheidet; der Vorgesetzte fungiert als Koordinator nach innen und nach außen

Abb. 1: Führungsstile

3

4. Zweidimensionaler Führungsstil - Das Managerial Grid nach Robert R. Blake und Jane Mouton

Bei einem zweidimensionalen Führungsstil werden, anders als bei der Führungsstil-typologie, 2 Verhaltensdimensionen berücksichtigt: Die *Produktionsorientierung* (Sachebene) und die *Mitarbeiterorientierung* (Sozialebene). Diese beiden Dimensionen wurden aus ursprünglich 9 Ebenen reduziert und sind das Ergebnis aus wissenschaftlichen Arbeiten der Ohio-State-Studie, welche von R.R. Blake und J.S. Mouton im so genannten „Managerial Grid" dargestellt wurden. Jede Achse wird in neunstufige Skalen untergliedert, welche die jeweilige Intensität der Dimension bestimmt. Es lassen sich dabei 81 Abstufungen der Führungsstile erreichen. Beschrieben werden in der Studie aber nur 5 Ebenen: 1.1, 1.9, 5.5, 9.9, 9.1

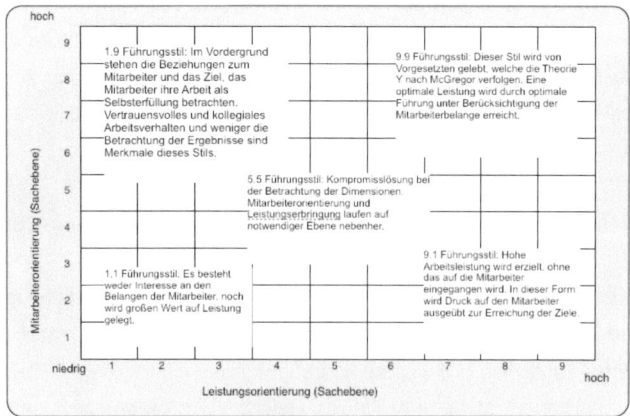

Abb. 2 Managerial Grid nach Blake/Mouton

---

3 aus Schneck, Ottmar; Allgemeine Betriebswirtschaftslehre, 7. Auflage; München; 2007; Seite 354

Blake und Mouton empfehlen eine Realisierung des Führungsstils 9.9. Alle anderen Führungsstile sind unrealistisch (1.9: kaum vorzufinden; 1.1: nicht langfristig durchführbar) oder höchstens das Ergebnis eines Kompromisses und in dieser Form auch nicht lange vertretbar (5.5). Vereinzelt wird aber auch der Führungsstil 9.1 vorzufinden sein, nämlich dann, wenn Akkordarbeiten durchgeführt werden und nur die produzierte Menge zählt.

Beispiel für einen zweidimensionalen Führungsstil:
Das Unternehmen Victorinox stellt seit 125 Jahren Präzisionsmesser her und ist für seinen durchaus mitarbeiterorientierten Führungsstil bekannt. Dort werden z.B. alle Mitarbeiter von der Firmenleitung bei Jubiläen persönlich beglückwünscht. "Als die Reihe an den Seniorchef kommt, schütteln sich beide lange die Hand, und das Kinn von Rickenbacher beginnt leicht zu zittern, als er sagt: "Das ist ein Traum, hier zu arbeiten." [4] Dieses Beispiel zeigt genau, dass diese Firma nicht nur die Partizipation der Mitarbeiter an Entscheidungen betrachtet, sondern auch besonders die Umsetzung des von Blake/Mouton empfohlenen 9.9 Führungsstils durchgeführt hat.

5. Kritik an den genannten Führungsstilen

Die oben beschriebenen Führungsstilklassifikationen werden in ihrer begrifflichen Reinheit nicht angewendet und sind Ergebnis einer blanken Theorie. Es gibt sie nicht, die Führungskraft, welche nur den kooperativen oder autoritären Führungsstil anwendet bzw. sich an einem der 5 Stile nach Blake/Mouton richtet. Dennoch bilden sie für die Praxis eine hilfreiche Orientierungsfunktion. Alle Klassifikationen im Gesamtkontext betrachtet ergeben Wahres, denn jede Führungskraft bedient sich von Teilen einer jeden Dimension.[5]

6. Zusammenfassung

Mitarbeiterführung ist etwas sehr Komplexes und erwartet von den Führungskräften einen situativ angepassten Führungsstil. Daher kann es den „richtigen" oder „falschen" Führungsstil nicht geben, jedoch sind Tendenzen zu erkennen. Mitarbeiter erwarten heutzutage moderne Führungsstile und möchten sich in ihrem Job wiederspiegeln. Daher wird der Ansatz nach Art des Führungsstil 9.9 nach Blake/Mouton oder eine Führung nach dem kooperativen Stil von der Gesellschaft immer mehr verlangt.

---

[4] aus: Lauer, Marco; Das isch en Traum, do zum Schaffe; Spiegel Online; URL http://www.spiegel.de/wirtschaft/0,1518,549145,00.html ; aufgerufen am 05.07.2009

[5] vgl.: Frankfurt School of Finance, Bankakademie, HfB; Betriebswirtschaft; Frankfurt; 2008; Kapitel 15.3; S.6

Literaturverzeichnis

Börkirchner, Prof. Dr. Helmut; Merkli, Dr. Udo; Paschen, Prof. Dr. Klaus; Führung von Mitarbeitern; Theoretische Grundlagen der Personalführung; FGI01; 2008

Frankfurt School of Finance, Bankakademie, HfB; Betriebswirtschaft; Frankfurt; 2008

Jung, Hans; Allgemeine Betriebswirtschaftslehre; 10. Auflage; München; 2008

Schneck, Ottmar; Allgemeine Betriebswirtschaftslehre, 7. Auflage; München; 2007

Zigarmi; Blanchard; 101 Der Minuten Manager; Führungsstile, Hamburg; 1996

Quellen aus dem Internet:

Lauer, Marco; Das isch en Traum, do zum Schaffe; Spiegel Online, URL http://www.spiegel.de/wirtschaft/0,1518,549145,00.html ; aufgerufen am 05.07.2009; ausgedruckt und gespeichert am 10.07.2009